# DELL'EFFICACIA

DEL

## DIRITTO DI PEGNO O D'IPOTECA SULLA NAVE

SECONDO IL DIRITTO INTERNAZIONALE

---

## STUDIO CRITICO

sull'art. 7 delle Disposizioni preliminari al Codice Civile Italiano

DELL'AVV.

### V. WAUTRAIN CAVAGNARI

DOTTORE AGGREGATO E PROF. DI FILOSOFIA DEL DIRITTO

NELLA R. UNIVERSITÀ DI GENOVA

GENOVA
DAI TIPI DI LUIGI SAMBOLINO
Via Chiabrera, N. 2.
1882.

In the interest of creating a more extensive selection of rare historical book reprints, we have chosen to reproduce this title even though it may possibly have occasional imperfections such as missing and blurred pages, missing text, poor pictures, markings, dark backgrounds and other reproduction issues beyond our control. Because this work is culturally important, we have made it available as a part of our commitment to protecting, preserving and promoting the world's literature. Thank you for your understanding.

# DELL'EFFICACIA
## DEL DIRITTO DI PEGNO O D'IPOTECA SULLA NAVE
### SECONDO IL DIRITTO INTERNAZIONALE

## I.

Una grave questione di diritto internazionale privato ha più volte richiamato l'attenzione dei magistrati e degli scrittori: se, cioè, in materia di pegno o di ipoteca costituiti sulla nave, i diritti del creditore pignoratario o ipotecario debbano determinarsi avuto riguardo alla legge della nazione a cui la nave appartiene, o alla legge del luogo in cui questa si trova nel momento in cui i creditori vogliono esercitare su di essa i diritti che invocano.

La giurisprudenza francese, prima della legge 10 dicembre 1874 sull'ipoteca marittima, applicando la regola generale che in tema di privilegi la legge imperante è quella del luogo *rei sitae*, avea deciso che un'ipoteca costituita in Inghilterra *(mort-gage)* sopra una nave inglese non poteva essere esercitata su questa mentre si trovava nelle acque francesi, perchè l'ipoteca marittima non era ammessa dalla legge francese [1]. Questa decisione fu vivamente criticata; imperocchè,

---

[1] V. Caen, 12 luglio 1870 *(Journal du Palais*, 1871, p. 269); Cass. 19 marzo 1872 *(Journal du Palais*, 1872, p. 560).

si diceva, le navi non possono equipararsi agli altri mobili, essendo mestieri per esse riferirsi invece alla legge della bandiera, così per le formalità di pubblicità, come pei diritti ai quali sono assoggettate (¹).

Dopo la promulgazione della legge francese sull'ipoteca marittima, la giurisprudenza ha adottato un'opinione opposta, riconoscendo che un'ipoteca costituita validamente sopra una nave straniera produce i suoi effetti anche in Francia, e che tale ipoteca è soggetta non alle formalità della legge francese, ma alle formalità della legge del paese a cui la nave appartiene (²). Ma la ragione di codesto mutamento non si riferisce alla natura speciale delle navi. La Cassazione di Parigi ammette che la legge del luogo del pignoramento e della vendita decide dei diritti di preferenza sul prezzo, così per le navi come per gli altri beni mobili; ma ritiene che, l'ipoteca sulle navi essendo ammessa dalla legge francese, basta che un creditore abbia ipoteca secondo la legge nazionale della nave, perchè possa far valere in Francia la preferenza che ne risulta. E la Corte di Grenoble si appiglia ad un'altra regola di diritto internazionale: che cioè le convenzioni legalmente formate in paese straniero hanno il loro effetto in Francia, se esse non siano contrarie ad una disposizione proibitiva della legge francese, a condizione di essere dichiarate esecutorie da un Tribunale francese.

La questione non è senza interesse per noi, giacchè

---

(1) LABBÉ, nota alla sentenza 12 luglio 1870 sopra accennata; LYON-CAEN, nota a Cass. 25 novem. 1879 (*Journal du Palais*, 1880, p. 603).

(2) Cass. 25 novem. 1879 (*Journal du Palais*, 1880, p. 603); Grenoble, 11 maggio 1881 (*Journal du Palais*, 1881, p. 1105).

la nostra legislazione commerciale marittima sul pegno navale differisce in alcuni punti essenziali dalle legislazioni di altri paesi coi quali l'Italia ha frequenti relazioni di commercio. Per esempio, la legge inglese disponeva, un tempo, che il *mort-gage* sopra una nave, per essere opponibile ai terzi, doveva essere iscritto sul registro dell'ammiragliato al porto d'origine, e, inoltre, sopra un certificato estratto da questo registro, che tiene luogo del nostro atto di nazionalità. Ma l'atto legislativo del 1854 ha tolto l'obbligo della menzione sul certificato rilasciato al capitano, prescrivendo però che questo certificato rechi una nota indicante ai terzi che tale atto non forma titolo e non constata ufficialmente nè i cambiamenti di proprietà, nè i *mortgages*. Invece il nuovo Codice di Commercio Italiano (art. 485) vuole che il pegno sia annotato sull'atto di nazionalità. Come si risolverà la controversia in caso di conflitto? Si potrà per avventura invocare la più recente giurisprudenza francese, formatasi in seguito al riconoscimento dato in Francia all'ipoteca marittima, mentre le leggi italiane non hanno finora riconosciuto quest'ipoteca?

La legge francese 10 dicembre 1874, all'art. 17, dispone che in caso di perdita o di innavigabilità della nave, i diritti dei creditori ipotecarii si esercitano, nell'ordine delle iscrizioni, sul prodotto delle assicurazioni che fossero state fatte dal debitore sulla nave ipotecata, e che l'iscrizione dell'ipoteca vale opposizione al pagamento dell'indennità d'assicurazione. Ora, il nostro Codice non ammette l'ipoteca navale; e, benchè siasi disputato se l'art. 1951 del Codice Civile Italiano possa applicarsi alle somme dovute per causa di assicurazione marittima, vi hanno gravi argomenti contro tale applicabilità (¹). Pertanto, nel caso di un'ipoteca iscritta in Francia sopra una nave francese, quale è la legge che i creditori ipotecarii potranno invocare quando il loro diritto debba avere esecuzione in Italia? Se quella della bandiera, essi si pagheranno sul prodotto delle assicurazioni; se la legge del luogo *rei sitae*, non avranno altra uscita che quella, assai discutibile, di invocare l'art. 1951 del Codice Civile.

Senonchè la massima che, in materia di privilegi mobiliari, bisogna riferirsi alla legge *rei sitae*, è a sua volta un'eccezione all'altro principio: *mobilia sequuntur personam*, sanzionato anche dall'art. 7 delle disposizioni preliminari al nostro Codice Civile. Lo statuto mobiliare, come insegnano i pratici, è personale; a differenza dello statuto immobiliare, che invece è reale. Di qui un'altra questione: qual è, teoricamente e praticamente, il valore della distinzione che si suol fare tra la legge dei mobili e quella degli immobili? E, ancora, qual è il valore della distinzione fra lo statuto personale e lo statuto reale?

È dunque facile comprendere che non si può convenientemente risolvere il quesito dell'efficacia del pegno o dell'ipoteca sulla nave, nelle relazioni fra cittadini e stranieri, senza rispondere ad un tempo alle seguenti domande:

1.º Secondo il diritto internazionale moderno, e specialmente secondo la legislazione italiana, è egli ancora lecito distinguere fra lo statuto personale e lo

---

(1) V. intorno a codesta questione la dotta monografia del senatore CESARE CABELLA: *L'art. 1951 del Codice Civile è applicabile alle somme dovute per causa di assicurazione marittima?* (Archivio giuridico, XXVI, 192).

statuto reale, quando si tratti dell'esercizio di diritti competenti ai privati?

2.° È ammessibile la distinzione fra lo statuto immobiliare e lo statuto mobiliare?

3.° Quale fondamento hanno le eccezioni comunemente ammesse nell'applicazione del principio: *mobilia sequuntur personam?*

4.° La nave, sebbene annoverata fra i beni mobili, va soggetta per avventura a uno speciale trattamento?

Esaminiamo, con la maggior brevità possibile, tali questioni.

## II.

L'antico diritto distingueva le persone e le cose non già secondo i loro naturali caratteri, bensì classificando le une e le altre secondo il concetto di superiorità e di inferiorità.

Fra i cittadini e gli stranieri dell'antichità correva questo divario: che i primi appartenevano ad un medesimo gruppo, ed erano fra loro collegati, effettivamente o per finzione giuridica (1), dal vincolo di una comune discendenza; mentre gli stranieri erano fuori del gruppo, e quindi fuori dell'orbita del diritto. Il cittadino romano aveva dei diritti non già per la sua qualità di uomo, ma perchè era *civis romanus;* lo straniero, il barbaro, l'*hostis*, era un uomo di qualità infe-

---

(1) P. es. in forza dell'arrogazione o dell'adozione. È noto che, secondo il primitivo diritto, l'adozione aveva un ufficio essenzialmente politico, in guisa che, per appartenere alla tribù o alla *civitas*, bisognava entrare nella famiglia o nella *gens* (V. SUMNER-MAINE, *Ancient Law*; Chap. V).

riore, e nessuna relazione era possibile con esso. *Adversus hostem aeterna auctoritas esto*.

Anche nel seno dell'aggregato sociale tutte le distinzioni fra le persone si fondavano sulla superiorità degli uni e l'inferiorità degli altri. Fra il servo e l'uomo libero, fra l'individuo *sui juris* e l'individuo *alieni juris*, correva non già una differenza di caratteri naturali, ma una differenza di dignità. Era lo *status*, e non la condizione fisica o intellettuale, che regolava la capacità personale. *Status*, insegna Eineccio, *est qualitas cujus ratione homines diverso jure utuntur.... Alio jure utitur liber homo; alio servus; alio civis; alio peregrinus* (¹).

Questa condizione di cose andò gradatamente scomparendo col progredire della romana civiltà. Il diritto di cittadinanza, concesso sempre più largamente ai popoli alleati ed ai vinti, rese a poco a poco sempre meno sensibile il divario fra cittadini e stranieri. Cessò la tutela perpetua a cui erano soggette le femmine. La patria potestà, che prima durava quanto la vita del *pater familias*, fu limitata alla minore età, ossia alla fisica incapacità dei discendenti.

Ma nel Medio Evo, col comparire di nuovi elementi, fattori di una nuova civiltà che veniva a sostituirsi alla decrepita civiltà romana, risorse, sotto altra forma, l'arcaica classificazione degli uomini. I barbari, nei paesi occupati, usavano il proprio diritto, lasciando che i vinti adoperassero il loro, fin dove ciò era compatibile con la necessità dell'imperio; non già, come altri suppose, per magnanimità verso le popolazioni conquistate, ma più probabilmente perchè i vincitori ritenevano in-

---

(1) Eineccio, *Recitationes*, lib. I, tit. 3.

degno di appartenere alla loro comunione giuridica chi apparteneva ad una schiatta diversa. Fuori della *civitas*, e più tardi fuori dell'impero e della chiesa, non esistevano che nemici e infedeli, cioè gente senza diritti, condannati all'esterminio od alla schiavitù.

I primi statuti erano dunque essenzialmente personali, nel senso che la capacità giuridica era limitata dalla comunanza della schiatta, e si estendeva a tutti quelli che ad una medesima schiatta appartenessero, in qualunque paese venissero costoro a godere il frutto delle loro vittorie.

Il feudalismo, confondendo il diritto col dominio territoriale, mutò necessariamente quella misura dei diritti. E gli statuti divennero essenzialmente reali, nel senso che l'orbita giuridica fu circoscritta al territorio. La legge estese il suo impero a tutti quelli che si trovavano sopra una determinata porzione di terra, ma non più oltre; di guisa che, per avere praticamente dei diritti, era mestieri pigliar posto in uno dei varii cerchi concentrici che costituivano il sistema feudale. Anche qui la classificazione degli uomini avea per fondamento la dignità degli uni e l'indegnità degli altri. Era sempre lo *status* la base dell'ordinamento sociale; salvo che lo *status* dell'epoca feudale, invece di dipendere dal carattere e dal grado *gentilizio* della persona, dipendeva dall'appartenenza al suolo, e dal grado di proprietario e di villano.

Con questa originaria tendenza di apprezzare le persone secondo la schiatta o il luogo a cui esse appartengono, si spiegano agevolmente parecchie istituzioni e parecchie dottrine, rimaste vive anche dopo la memorabile rivoluzione francese, sopratutto dove questo cataclisma sociale e politico non giunse ad esercitare compiutamente la sua benefica influenza. Così, per la legge inglese, la cittadinanza è determinata dal luogo della nascita, quasichè la persona debba aderire al suolo su cui nasce; e prima dell'atto di naturalità del 1870 gli stranieri non potevano acquistare e possedere beni immobili in Inghilterra (¹). Così pure ebbe corso per più secoli, ed ha corso anche oggidì per alcuni pubblicisti, l'opinione che attribuisce alla volontaria cortesia fra le nazioni o al loro consenso espresso o tacito *(comitas, reciproca utilitas)* l'estensione del diritto nazionale a favore di stranieri, e l'ammissione dell'autorità di legislazioni straniere (²).

Non può dubitarsi che questi principii contraddicano radicalmente all'idea del diritto moderno. Oggi l'universale ritiene che gli uomini hanno dei diritti, non perchè appartengano piuttosto a quella razza che a questa, o piuttosto ad un territorio che ad un altro, ma perchè sono uomini, ossia perchè a tutti appartiene in uguale misura quella ideale libertà, che è la mèta di tutte le azioni, la legge e la forza di tutti (³). La sola limitazione oggi ammessibile a questa generale capacità di diritti è quella che ha le sue radici nella

---

(1) È stato deciso che la clausola dell'atto di naturalità del 1870 per cui gli stranieri amici sono stati resi capaci di acquistare e di possedere beni immobili in Inghilterra non ha effetto retroattivo. In conseguenza una terra legata ad uno straniero da una persona morta prima della data dell'atto si devolve alla corona. Sharp. c. S. Sauveur, 18 dicembre 1871. *Law Reports*, 7, *Chancery appeal cases*, 343.

(2) V. Relazione Mancini all'Istituto di Diritto Internazionale (1874-75), riferita nella *Révue de droit international*, 1875, pag. 334.

(3) V. WAUTRAIN CAVAGNARI, *L'ideale del diritto*, Cap. IX (Genova, 1882).

naturale condizione del soggetto giuridico, cioè nella incapacità di conoscere e di volere liberamente.

Pertanto la tradizionale dottrina degli statuti, che distingueva gli statuti in personali e reali, ed è stata cagione di discussioni interminabili (1), non può essere accolta dal legislatore moderno, e, fin dove è possibile, dev'essere respinta anche dall'interprete della legge positiva (2).

### III.

Anche le cose erano dall'antico diritto classificate secondo la loro dignità. È celebre la distinzione delle *res* in *mancipi* e *nec mancipi*, adottata dal diritto quiritario; ma si cercherebbe invano una caratteristica intrinseca che distingua le *res mancipi* dalle *res nec mancipi*.

---

(1) V. FIORE, *Diritto internazionale privato*, Lib II, Cap. I; LAURENT, *Le droit civil international*, VII, 141 e seguenti. — La confusione che i pubblicisti lamentano nella teorica degli statuti è, a mio avviso, inevitabile; imperocchè gli antichi giureconsulti, volendo applicare ora lo statuto personale, ora lo statuto reale, riunivano in certa guisa le idee di due epoche diverse, cioè l'idea della personalità dei diritti, propria delle popolazioni primitive, con l'idea della realità dei diritti, maturata dal feudalismo. Ora, tutte le relazioni giuridiche dipendono dallo statuto personale o dallo statuto reale, secondo si attribuisce l'importanza maggiore alle persone o al territorio; ma uno statuto non può essere personale per un atto e reale per un altro, perchè tutti i diritti si esercitano sulle cose, e tutti suppongono la capacità della persona che li esercita. Erzio avea quindi tutte le ragioni dicendo, a proposito di questa distinzione: *coeterum Junioribus plerisque placuit distinctio inter statuta realia, personalia et mixta. Verum in iis definiendis mirum est quam sudant doctores!*

(2) È questa anche l'opinione propugnata dal prof. FIORE. V. il suo *Diritto Internazionale privato*, Appendice, Osservazioni sull'art. 7 Cod. Civ. Ital.

« Le res mancipi dell'antico diritto romano (scrive il Maine) erano il suolo — nei tempi storici i fondi italici — gli schiavi e le bestie da soma, come i cavalli ed i bovi. È impossibile dubitare che gli oggetti compresi in questa classe siano gli strumenti del lavoro agricolo, le cose di maggiore importanza per un popolo primitivo. Tali cose furono dapprima, io penso, chiamate enfaticamente Cose o Proprietà, e la specie di atto per cui esse venivano trasferite era chiamata Mancipio o Mancipazione; ma probabilmente esse ricevettero assai più tardi la distintiva appellazione di *Res mancipi*, « cose che richiedono una mancipazione. » Accanto a queste può aver esistito o cresciuto una classe di oggetti, per cui non francava il conto di insistere sull'intera cerimonia della Mancipazione. Ce n'era d'avanzo se, nel trasferire questi oggetti di proprietario in proprietario, si fosse proceduto con una parte soltanto delle formalità ordinarie, cioè con quella cessione attuale, o fisica consegna, o *traditio*, che è il segno più ovvio del mutamento di proprietà. Tali oggetti erano le *Res nec mancipi* dell'antica giurisprudenza, « cose che non richiedevano una Mancipazione, » probabilmente poco pregiate da principio, e non frequentemente trasferite da un gruppo di proprietarii ad un altro. Comunque, mentre la lista delle *Res mancipi* era inevitabilmente chiusa, quella delle *Res nec mancipi* ammetteva un'indefinita espansione; e quindi ogni nuova conquista dell'uomo sulla natura materiale aggiungeva un articolo alle *Res nec mancipi*, o effettuava un progresso in quelle già riconosciute. Insensibilmente perciò esse arrivarono ad uguagliare le *Res mancipi*, ed essendo così dissipata l'impressione di una intrinseca inferiorità, gli uomini cominciarono ad apprezzare i multiformi vantaggi della semplice formalità che accompagnava il loro trasferimento, in confronto del più intricato e più venerabile cerimoniale (¹).

Riposa nello stesso ordine di idee la divisione della proprietà germanica in beni allodiali o ereditari, e beni avventizii, quali il *wehrgeld*, il *reipus*, ecc. E quando la forma allodiale della proprietà andò perdendosi in quella della proprietà feudale, col consolidarsi del feudalesimo, la sola distinzione dei beni che avesse praticamente un valore, quella cioè fra le terre e i mobili, era tuttavia fondata nella superiorità di quelle su questi: *vilis mobilium et abjecta possessio*.

Questa maniera di distinguere i beni non ha più luogo nel diritto moderno, poichè con l'importanza assunta oggidì dalla speculazione commerciale, non è più il caso davvero di considerare i mobili come inferiori agli immobili; anzi le nostre idee sono talmente mutate su questo proposito, che, come nota giustamente il Laurent, noi stentiamo a comprendere i pregiudizii dell'antico diritto (²).

Il Fiore insegna che uno è il principio col quale deve determinarsi la legge applicabile alle cose, sia immobili che mobili, nè dalla natura loro può desumersi alcun motivo per sottometterle ad un diritto diverso. La legge nazionale del proprietario reggerà le cose mobili, quando esse sono un accessorio della persona e quando i rapporti giuridici che vogliono stabilirsi o i diritti che si esercitano non offendono i diritti della sovranità territoriale. Ma poichè lo stesso principio deve

---

(1) SUMNER MAINE, *Ancient Law*, chap. VIII.
(2) LAURENT, *op. cit.*, VII, 122.

applicarsi agli immobili, la distinzione rimane senza alcuna importanza (¹).

Donde nasce spontanea la conclusione, che la classificazione dei beni in mobili ed immobili, se ha un'importanza agli occhi del diritto moderno, egli è perchè gli uni differiscono intrinsecamente dagli altri, e quindi le varie manifestazioni giuridiche possono apparire diversamente condizionate, quantunque non si possa parlare nè di inferiorità, nè di superiorità. I modi secondo cui si acquistano, si esercitano e si perdono i diritti sui beni potranno bensì differire, secondo si tratti di mobili o di immobili; ma non si può ammettere che gli uni siano governati dalla legge straniera, e gli altri, per contro, dalla legge nazionale.

## IV.

Quale è dunque la legge che dovrà applicarsi, in tesi generale, per determinare i diritti dello straniero sui beni mobili od immobili che si trovano nello Stato?

« Nessuno straniero, risponde il Fiore, può in virtù di atti, di contratti, di disposizioni di leggi, di obbligazioni di qualunque natura, derogare al diritto pubblico dello Stato, ma può domandare che le disposizioni della sua legge nazionale, che regge i suoi interessi privati come proprietario, sieno applicate anche per i beni che egli possiede in territorio straniero per tutto ciò che non offende l'interesse dello Stato e il diritto pubblico del luogo in cui sono situati (²). »

---

(1) FIORE, *op. cit.*, lib. II, 199. L'egregio pubblicista cita, a sostegno della sua opinione, il conforme giudizio di Mühlembruch, Eichorn, Savigny e De Chassat.

(2) FIORE, *op. cit.*, Lib. II, 195.

Questa risposta, però, non mi pare sufficiente; imperocchè rimane tuttavia il dubbio sulla natura dei rapporti che intercedono fra lo straniero e la sua legge nazionale. Sarà forse in sua facoltà lo invocarla quando a lui piaccia? Certo non è questo il pensiero del citato scrittore; ma intanto la scienza ha mestieri di principii certi e precisi. Laonde conviene stabilire se lo straniero non possa invocare altra legge che quella del suo paese, o se vi siano dei casi in cui gli è lecito darsi quella legge che meglio risponda alla sua volontà.

Nella coscienza dell'antichità, l'individuo avea dei diritti soltanto in ragione del gruppo al quale apparteneva; oggi, per contro, è l'individuo stesso il centro di qualunque diritto. L'ipotesi d'un contratto sociale, come spiegazione *di fatto* dell'umana società, è senza dubbio errata; ma esprime una grande verità in questo senso, che le relazioni sociali, man mano che vanno sviluppandosi, fanno una parte sempre più grande alla volontà degli individui, cioè diventano sempre più contrattuali. Il contratto non è alle origini, ma è l'ideale della società umana, il cui movimento, secondo la luminosa espressione del Maine, è un movimento dallo *status* al contratto.

Ma l'individuo, come tale, non ha che la possibilità del diritto; affinchè tale possibilità acquisti un valore pratico, bisogna che sia determinata e riconosciuta. Per diventare *persona,* l'individuo deve prendere un posto nella vita sociale, dev'essere membro di un organismo giuridico — in una parola ha da vestire quel complesso di poteri e di limitazioni che si chiama cittadinanza.

Lo Stato esiste bensì per le persone; ma le persone esistono praticamente in virtù dello Stato. L'individuo è libero, senza dubbio, di scegliere l'ordinamento che più gli conviene; e la somma di queste libere scelte, fondate sulle tendenze naturali, sull'indole, sulla lingua, sui costumi, forma appunto la Nazione; ma, fatta una volta la scelta, non ne potrebbe respingere le condizioni. In ciò consiste quello che il Mancini chiama *diritto privato necessario*, per distinguerlo dal *diritto privato volontario*, che comprende invece tutti quei fatti i quali, data una capacità giuridica, appariscono come la manifestazione di essa, e dipendono quindi essenzialmente dall'arbitrio della persona interessata (¹).

Tolta al diritto la base dello *status*, cioè di una preferenza per una razza o per un territorio, non c'è ragione per cui gli Stati debbano disconoscere la nazionalità che lo straniero si è data, o gli effetti della sua capacità giuridica. Anzi il divario fra il cittadino e lo straniero non può avere per fondamento che il naturale carattere della speciale nazionalità che distingue l'uno dall'altro. Egli è chiaro, però, che se la condizione dello straniero non può essere inferiore a quella del cittadino, non potrebbe, d'altro lato, senza che si cada nell'eccesso contrario, costituire un titolo di preferenza. L'esistenza e la prosperità di uno Stato esigono che ne sia inviolabile la costituzione politica ed economica; che sia mantenuto l'ordinamento dei pubblici poteri, che la libera attività degli individui si contenga dentro certi confini. Si può dunque accogliere completamente la dottrina formulata dall'illustre antesignano della scuola italiana, e dire con lui che il diritto civile privato è *personale* e *naturale*, e, come tale, deve ac-

---

(1) MANCINI, *Relazione all'Istituto di Diritto Internazionale* (*Révue de Droit International*, 1875, p. 351, 352).

compagnare la persona anche al di là della patria; il diritto pubblico, invece, è *territoriale*, e si estende sul territorio e su tutti quelli che lo abitano, indigeni o stranieri senza distinzione [1].

## V.

È ovvio, pertanto, che i diritti dello straniero sui beni esistenti nello Stato dovranno determinarsi avuto riguardo alla sua legge nazionale, se si tratti della sua capacità giuridica, della sua possibilità di disporre e di godere delle cose proprie, di obbligare o di essere obbligato; ed a quell'altra legge che fosse da lui espressamente indicata, se si tratti dell'esercizio di un diritto privato volontario. La sola eccezione, compatibile con la moderna idea del diritto, è quella che risulta dalle contrarie disposizioni della legge *rei sitae*, o dalle esigenze della costituzione politica ed economica dello Stato in cui si trovano i beni.

Teoricamente quindi non hanno alcun valore le eccezioni che per lo più si fanno al principio: *mobilia sequuntur personam*, se non si riducono a quell'unica dianzi accennata; come non ha che un valore di eccezione, e non può valere come principio generale, l'altra massima che i beni immobili sono governati dalla legge del luogo in cui sono situati.

## VI.

Giova ora esaminare se il Codice Civile Italiano si è tenuto fedele ai principii testè sviluppati. Natural-

[1] MANCINI, ibid., pag 354.

mente, allo scopo del presente studio, basterà che io mi occupi delle disposizioni che si riferiscono ai beni.

L'art. 7 delle Disposizioni sulla pubblicazione, interpretazione ed applicazione delle leggi in generale è così concepito:

« ART. 7. — I beni mobili sono soggetti alla legge della nazione del proprietario, salve le contrarie disposizioni della legge del paese nel quale si trovano.

« I beni immobili sono soggetti alle leggi del luogo dove sono situati. »

A primo aspetto, sembra che il nostro Codice riproduca la teorica tradizionale degli statuti, giacchè distingue, come quella, lo statuto mobiliare dallo statuto immobiliare. E in questo senso interpreta l'art. 7 il Laurent, il quale accusa il legislatore italiano *di essere rimasto tradizionalista, almeno per metà*, e conclude che è sempre lo spirito tradizionale che domina nella legislazione come nella scienza (¹). Il Laurent aggiunge che anche Lomonaco e il compianto Pacifici-Mazzoni hanno interpretato il Codice Italiano nel senso della tradizione.

Senonchè un esame più approfondito ci mostrerà facilmente che tale interpretazione non regge. Anche in questa, come in parecchie altre disposizioni, il nostro Codice ha saputo tener alta la bandiera della civiltà e del progresso.

La dottrina tradizionale degli statuti assoggettava gli immobili alla *lex rei sitae*, e i mobili alla legge del *domicilio* del proprietario, salve le eccezioni imposte dall'ordine pubblico. Il Barde, nella sua *Théorie traditionnelle des statuts*, insegna che si faceva dipendere dal domicilio la legge che governa i mobili, perchè si

---

(1) LAURENT, *op. cit.*, VII, 255.

presumeva che i mobili fossero situati nel luogo del domicilio, per una finzione di diritto, e quindi lo statuto dei mobili era sostanzialmente reale, al pari di quello degli immobili, giacchè si riferiva alla presunta situazione dei beni. Il Laurent ha combattuto questa opinione (¹); ed ai nomi dei giureconsulti *realisti*, quali P. Voet, Rodenburgo, Bouillenois e Dumoulin, contrappone quelli di D'Argentré, di Bourgoigne, di Erzio, di Huberus, di Bouhier, che, secondo il citato scrittore, sarebbero *personalisti*, ossia considererebbero i mobili non in ragione della situazione fittizia, ma come una dipendenza della persona del proprietario.

In questa materia, dove tutto è incertezza e confusione, è pericoloso affermare in modo assoluto quale dei dotti avversari abbia veramente ragione. Ma mi pare che l'argomento può essere considerato sotto un altro punto di veduta.

La teorica degli statuti era essenzialmente realista anche quando si riferiva alle persone; era sempre il concetto feudale che la informava da capo a fondo. La persona non si considerava in sè stessa, come unità indipendente e libera di un organismo sociale, bensì come una dipendenza del territorio, soggetta alla *lex situs*, non altrimenti che i beni. È per questo che lo statuto personale dipendeva, come dipende anche oggidì in Inghilterra, dal domicilio, e non dalla nazione. Il domicilio è cosa di fatto; la nazione non può concepirsi senza la libera scelta degli individui. Laonde, gli immobili, che erano il più importante elemento dell'organismo giuridico e la base di ogni diritto, erano retti naturalmente dalla legge del luogo in cui erano situati;

---

(1) LAURENT, *op. cit.*, VII, 164 e seg.

le persone, parimenti dalla *lex situs*, cioè dal domicilio; e i mobili, la cui importanza era minima e quasi nulla, non potendosi assoggettare alla legge *rei sitae*, perchè non avevano una situazione determinata o non ne avevano alcuna, erano regolati dalla *lex personae sitae* — non solamente dalla *lex personae*, siccome pretenderebbe il Laurent.

È un vizio assai comune quello di interpretare le istituzioni di altri tempi mediante le idee moderne. Noi siamo spesso, in tal guisa, vittima di una singolare illusione: ci trasportiamo con le nostre idee, con l'ambiente in cui viviamo, in mezzo a popolazioni che la pensavano in altro modo, e vivevano in un ambiente assai diverso dal nostro, e seguitiamo a pensare e a scrivere, come se parlassimo effettivamente con Paolo Voet o con D'Argentré. Egli è così che noi ragioniamo di statuti personali e reali, intendendo riferirci ai diritti che competono agli individui in qualunque Stato si trovino, e ai diritti che competono allo Stato di fronte a tutti gli individui che si trovano sul suo territorio, e interpretiamo secondo tale concetto le teoriche dei giureconsulti statutarii. L'errore è manifesto. Nella teorica tradizionale degli statuti la divisione delle leggi in personali e reali ha un valore affatto diverso; e certamente noi ci intenderemmo assai meglio se, lasciata da banda la distinzione fra la personalità e la realità delle leggi, che non ha senso nelle tradizioni feudali, ci limitassimo a distinguere lo statuto del domicilio da quello degli immobili o del territorio. Anche il Laurent ammette che l'espressione *leggi reali* era sinonimo dell'altra *statuti immobiliari* [1]; ma si può aggiungere, con

(1) Laurent, *op. cit.*, VII, 244.

uguale verità, che la sinonimia esisteva anche fra le espressioni *leggi personali* e *statuti del domicilio*.

Qual'è la conclusione che nasce spontanea da queste premesse? Quella sopra accennata, che cioè per la tradizione statutaria tutte le leggi erano reali, in quanto si fondavano sul luogo in cui erano situate le persone o le cose; mentre, pel diritto moderno tutte le leggi sono personali, in quanto hanno per base la volontà, presunta o manifesta, degli individui.

Ora il Codice Italiano ha adottato, tanto per le persone, quanto per le cose, il principio di nazionalità, che appunto ha la sua radice nella libertà individuale. O, per dire più esattamente, il nostro Codice si riferisce alla *nazionalità* del soggetto, nelle materie di diritto privato necessario, alla *libertà* di esso, nelle materie di diritto privato volontario, e finalmente alla *sovranità* nelle materie che interessano l'ordinamento politico ed economico dello Stato, e costituiscono il limite naturale ai diritti dello straniero. [1].

Se così è, e mi sarà facile dimostrarlo, egli è evidente che l'art. 7 delle disposizioni sulla pubblicazione, interpretazione e applicazione delle leggi in generale ha fatto divorzio completo dalla tradizione, e si ispira invece all'ideale del diritto moderno.

## VII.

Per ciò che concerne i beni mobili, la disposizione dell'art. 7 è chiara ed esplicita. Per essa i beni mobili seguono la legge *della nazione* del proprietario; qui non c'è luogo a dubbio di sorta. Però conviene porre que-

---

[1] MANCINI, *Relazione citata*, ibid., pag. 355, 356.

sta disposizione in armonia con gli altri principii pure sanzionati dal Codice. Così, la legge della nazione del proprietario sarà *necessariamente* quella che determina la sua capacità giuridica (art. 6), l'ordine di succedere, la misura dei diritti successorii e la intrinseca validità delle disposizioni nelle successioni mobiliari; mentre la sostanza e gli effetti delle donazioni, delle disposizioni di ultima volontà, e delle obbligazioni, relative a beni mobili, dipenderanno dalla legge liberamente scelta dai disponenti o contraenti, e, quando non abbiano manifestata la loro volontà, in via di presunzione dalla legge nazionale dei disponenti o contraenti, o del luogo in cui gli atti furono fatti, secondo si tratti di disponenti o contraenti stranieri, oppure di contraenti gli uni nazionali e gli altri stranieri (art. 9).

L'unica eccezione a così fatta prevalenza della legge personale riguarda il caso in cui esistano disposizioni contrarie nella legge *rei sitae* (art. 7), o quello in cui la legge personale contraddica all'ordine pubblico, al buon costume, alle disposizioni penali e di polizia e sicurezza pubblica (art. 11 e 12). Ed anche questa eccezione è la consacrazione del principio che, se lo straniero non dev'essere posto in una condizione di inferiorità rispetto al cittadino, non si può però concedere a lui ciò che al cittadino non sarebbe conceduto di fare.

Quanto ai beni immobili, il Codice Italiano non ha avuto altro torto fuor che quello di assumere apparentemente come regola generale ciò che, secondo il Codice stesso, è invece l'eccezione alla regola della personalità. Il Fiore che, in tema di diritto italiano, è senza dubbio un interprete assai più attendibile del Laurent, commenta nel modo seguente la disposizione del titolo preliminare che si riferisce agli immobili: « La disposizione dell'art. 7 del nostro Codice civile: *i beni immobili sono soggetti alla legge del luogo in cui sono situati*, è in armonia perfetta coi principii da noi sviluppati, nonostantechè per la sua redazione sia conforme all'art. 3 comma 2 del Codice Napoleone tanto diversamente interpretato dal Foelix, dal Demolombe, dal Duranton e da molti altri scrittori francesi. Il nostro legislatore con la citata disposizione non ha voluto rimettere in campo le questioni famose della personalità e della realità, anzi le ha eliminate assolutamente colle disposizioni contenute negli art. 6, 8, 9, coi quali si deve mettere in armonia l'art. 7. La capacità infatti di uno straniero ad acquistare o alienare un immobile è regolata dalla sua legge nazionale (art. 6). I diritti che gli stranieri possono acquistare sugl'immobili esistenti in Italia o per virtù di successione legittima o testamentaria, o per donazione, o per disposizione di ultima volontà, e la riserva dei diritti successori, sono regolati dalla legge nazionale della persona della cui eredità si tratta (art. 8). I diritti che derivano da contratto sono retti dalla legge che informò originariamente la convenzione (art. 9). Rimane dunque che l'art. 7 deve interpretarsi come sanzione giuridica del generale principio, ché la sovranità esercita esclusivamente il dominio e la giurisdizione in tutto il territorio, e quindi conserva il regime universale della proprietà, determina la condizione giuridica delle cose, regola l'esercizio dei diritti del proprietario, sia esso cittadino o straniero. Interpretato in tal modo l'art. 7 significa che il magistrato italiano non deve permettere che uno straniero invochi la legge del suo paese per alterare il regime economico della proprietà in Italia (come, per esempio, per gravare i beni di certe servitù permesse dal diritto feudale ma non riconosciute dalla legge nostra), o per alterare la condizione giuridica dei beni, e la natura e gli effetti del possesso, o per introdurre mezzi di esecuzione che non sono permessi dalla legge nostra, o per esercitare i suoi diritti provenienti da matrimonio, da vendita, da stipulazioni, da donazioni, da sostituzioni e simili in contraddizione col regime economico, industriale ed agricolo della proprietà presso di noi. Ma non si può dire nella stessa guisa che il magistrato italiano debba impedire che il proprietario invochi la legge da cui dipende per tutte le questioni di interesse privato, come per decidere se i beni del minore straniero sieno o no alienabili, con o senza l'omologazione del tribunale, se i beni appartenenti alla moglie straniera siano *dotali* o *comuni*, se questa o quella sia la quota *legittima* spettante al figlio straniero (¹). »

Dopo ciò, reca veramente meraviglia che un pubblicista di merito eccezionale come il Laurent abbia potuto scrivere, intorno all'art. 7, le parole che seguono: « Il Codice Italiano è così concepito: I beni mobili sono soggetti alla legge della nazione del loro proprietario, salve le disposizioni contrarie della legge del paese nel quale si trovano. I beni immobili sono soggetti alla legge vigente nel luogo della loro situazione. — A tenersene al testo, vi ha identità fra la legge italiana e la legge francese completata dalla giurisprudenza. L'art. 7 fa una riserva pei mobili, dunque stabilisce una regola e un'eccezione, la personalità essendo la regola e la realità l'eccezione; mentre per gli immobili il Codice Italiano stabilisce come regola la realità, senza indicare un'eccezione; la realità è

---

(1) FIORE, *op. cit.*, lib. II, 196.

dunque una regola assoluta secondo l'art. 7 del Codice d'Italia, come secondo l'art. 3 del Codice Francese. Quando il testo della legge è così esclusivo, è egli lecito all'interprete il distinguere? Non bisogna isolare, dice il signor Fiore, l'art. 7 dalle altre disposizioni del Codice. L'art. 8 consacra una considerevole innovazione assoggettando le successioni allo statuto personale. Logicamente il legislatore *avrebbe dovuto estendere questa innovazione allo statuto degli immobili; ma non l' ha fatto*, per meglio dire, il testo l'esclude; è probabile che gli autori del Codice si sono arrestati di fronte alla specie di rivoluzione che sembra indicare l'abbandono della tradizione secolare che ammette la realità dello statuto degli immobili (¹). »

Per mostrare l'inesattezza in cui è caduto il Laurent basta riferire l'art. 8 delle Disposizioni preliminari: « Le successioni legittime o testamentarie però, sia quanto all'ordine di succedere, sia circa la misura dei diritti successorii, e la intrinseca validità delle disposizioni, sono regolate dalla legge nazionale della persona della cui eredità si tratta, *di qualunque natura siano i beni ed in qualunque paese si trovino.* » *Est-ce clair?*

## VIII.

Così nella dottrina, come secondo la legislazione italiana, il principio della nazionalità regola dunque i diritti sui beni, finchè tale principio non sia in opposizione con l'interesse sociale del paese in cui i beni si trovano.

Ciò posto, mi sembra affatto inutile il ricercare se

(1) LAURENT, *op. cit.*, VII, 255.

le navi siano mobili *sui generis,* meritevoli di un trattamento speciale. Gli scrittori che hanno sostenuto questa tesi, per esempio i signori Clunet [1], Labbé [2] e Lyon-Caen [3], lo hanno fatto per dedurne la conclusione che i diritti sulle navi devono determinarsi secondo lo statuto personale. Evidentemente, da quanto sono andato esponendo, si giunge alla medesima conclusione, senza che ci sia bisogno di far violenza alla condizione naturale delle cose — senza, per dirne una, che sia necessario attribuire alle navi una *personalità civile,* idea che, non a torto, ha scandolezzato il Laurent [4]. Una nave, quantunque grossa come il *Duilio* o il *Great Eastern,* sarà sempre una *cosa,* che potrà formare oggetto di diritti, non mai possedere ed esercitare dei diritti suoi proprii. La legge della bandiera sarà applicabile, se si intenda con essa riferirsi alla nazione del proprietario o degli altri interessati, ed agli obblighi che l'acquisto dell'atto di nazionalità impone all'armatore, al capitano, all'equipaggio, e via dicendo — non già se si voglia alludere semplicemente alla nave come tale.

D'altro lato è fuori d'ogni dubbio che le disposizioni del paese di cui la nave porta la bandiera non avrebbero in ogni caso efficacia contro il diritto pubblico del luogo *rei sitae.* E quindi anche alla nave si applicherebbe pur sempre, in tutta la sua estensione, la teorica che governa qualunque specie di beni.

Il vero punto della questione consiste piuttosto nel

---

[1] V. *Belgique judiciaire,* 1880, p. 145.
[2] *Journal du Palais,* 1871, p. 269.
[3] *Journal du Palais,* 1880, p. 603.
[4] LAURENT, *op. cit.,* VII, 388.

determinare quando gli *speciali diritti* che vogliono farsi valere sulla nave interessino lo statuto reale. Imperocchè, fuori di questo caso, si verserebbe in tema di diritto privato, e converrebbe aver riguardo soltanto alla nazionalità, o all'intenzione, espressa o presunta, delle parti interessate.

## IX.

Ciò posto, giova osservare che il pegno o l'ipoteca sulla nave importano queste due conseguenze: 1.º il diritto nel creditore pignoratario o ipotecario di farsi pagare sul prezzo della nave pignorata o ipotecata; 2.º un diritto di preferenza di fronte ai creditori chirografarii. Il creditore pignoratario o ipotecario si trova dunque in un doppio rapporto giuridico, col suo debitore cioè, e coi terzi.

Sull'estensione del primo rapporto tutti concordano nel ritenere che, siccome i contratti validamente formati hanno forza di legge per le parti contraenti, conviene riferirsi alla loro volontà; e questa ha vigore in qualunque luogo si tratti di esercitare il diritto che ne consegue.

Invece, per quanto concerne l'efficacia del privilegio derivante dal pegno di fronte ai terzi, gli scrittori non sono punto concordi. Il Laurent insegna che è la legge che determina le condizioni richieste per l'esistenza e la conservazione del privilegio; ora, le condizioni formano l'essenza del privilegio; se esse non sono adempite, il privilegio non esiste e non può essere esercitato; dunque il privilegio è reale, e a questo titolo la legge territoriale domina lo statuto personale dello straniero [1].

1) Laurent, *op. cit.*, VII, 211.

E parlando dell'ipoteca costituita sopra una nave, il citato scrittore così si esprime: « La legge inglese sul *mort-gage* può essere applicata nel Belgio, quando una nave soggetta a *mort-gage* è sequestrata in un porto belga? Tale è la questione che la Corte di Bruxelles doveva decidere (¹). Il Codice Civile non conosce il *mort-gage*; esso non ammette altro diritto di preferenza sui mobili che il privilegio; ma il privilegio mobiliare non dà il *diritto di seguito*, bensì suppone che il debitore sia in possesso della cosa gravata di privilegio, e nel caso di pegno, che il creditore possieda la cosa impegnata. Qual'è la natura dello statuto che determina i diritti di preferenza? È desso reale o personale? L'opinione comune è che la legge è reale; il che decide la nostra questione (²). Anche dal punto di veduta dei principii che ho sostenuto in questo studio bisogna decidere così: le leggi che sono di interesse generale formano uno statuto reale, e tale è certamente il regime ipotecario. Supponendo adunque che un creditore straniero possa reclamare nel Belgio un diritto di ipoteca sopra una nave, gli altri creditori potrebbero respingerlo, in applicazione del principio che la legge personale cede davanti alla legge territoriale, quando questa è d'ordine pubblico (³). »

Per contro il Fiore, pure ammettendo che in tesi generale l'efficacia del privilegio derivante dal pegno dipende dallo statuto reale (³), eccettua da questa regola il pegno costituito sulla nave. « Se i diritti legittimamente acquistati secondo la legge del paese cui la nave

---

(1) Sentenza 27 dicembre 1879 *(Belgique judiciaire*, 1880, p. 131).
(2) LAURENT, *op. cit.*, VII, 389.
(3) FIORE, *op. cit.*, Lib. II, 220 b.

appartiene (scrive il prof. Fiore) potessero essere invalidati, applicando, per giudicare intorno ad essi le leggi dei paesi stranieri in cui per avventura la nave può trovarsi, il credito marittimo sarebbe profondamente attaccato. A qual legge poteva uniformarsi un creditore inglese che acquistava in Inghilterra un diritto di pegno *(mort-gage)* su di una nave inglese, fuorchè alla legge inglese? Quando la nave toccava il territorio francese era già gravata di tale obbligazione, e i creditori francesi potevano solo domandarne la prova, ma non potevano mai pretendere che, non essendo stato costituito il pegno in conformità delle prescrizioni della legge francese, fosse annullato il diritto acquistato secondo le leggi del contratto (1). »

Malgrado l'autorità di cui godono a buon diritto i due illustri scrittori, parmi che l'opinione di entrambi non possa accogliersi senza qualche riserva. Il Laurent si preoccupa soverchiamente del diritto dei creditori chirografarii, a pregiudizio di quelli del creditore privilegiato, e scambia il loro interesse per quell'interesse sociale che solo può legittimare la prevalenza dello statuto territoriale. Senza dubbio il diritto dei creditori chirografarii dev'essere rispettato dal legislatore e dal magistrato; ma non è forse meritevole di uguale rispetto il diritto del creditore che può vantare la garanzia del pegno? Supponsasi che, invece di un'ipoteca sulla nave, si trattasse di una vendita; forse che ai creditori chirografarii sarebbe lecito di invocare lo statuto del territorio, allegando che essi rappresentano l'interesse della società? Dove se ne andrebbe allora la massima *mobilia sequuntur personam* ? Anzi, dove se ne andrebbe il di-

(1) FIORE, *op. cit.*, Appendice sul § 220.

ritto che ha ciascuno di disporre, come meglio crede, della cosa propria, e di vincolarla all'adempimento di una speciale obbligazione? Ora, se la vendita è regolata dallo statuto personale, anche di fronte alle pretese dei terzi, non c'è ragione perchè non debba dirsi il medesimo di quel diritto di preferenza che appunto costituisce la vera garanzia del pegno e l'effetto più importante di tale contratto. Fra il creditore pignoratario e i creditori chirografari c'è senza dubbio un conflitto; ma è conflitto di interessi privati, in cui la legge territoriale non ha che vedere. Quando siano rispettati tutti i diritti quesiti, il fine della giustizia giuridica è pienamente raggiunto, nè occorre andare più in là. I terzi non potrebbero richiamarsi alle disposizioni della legge territoriale, se non quando il privilegio che essi combattono offenda non solamente il loro proprio interesse, ma ancora l'interesse della società in generale: per es. se ci fosse pericolo di frode, se l'ordinamento politico ed economico del luogo *rei sitae* non comportasse l'esercizio del diritto di pegno sopra certe cose, ecc. — in una parola, in tutti quei casi in cui c'è di mezzo la pubblica morale, la pubblica ricchezza, la sicurezza dei cittadini, e così via. E allora non bisogna dire che il privilegio nascente dal pegno è per sua natura governato dalla legge territoriale; bensì che esso è soggetto allo statuto personale, finchè non offenda il diritto pubblico del luogo *rei sitae*.

Il Fiore poi fa, tra la nave e gli altri mobili, una distinzione superflua. Supponiamo che un creditore straniero acquisti legalmente un diritto di pegno sopra un oggetto che superi il valore di 500 lire, secondo una legge che non richiede altra formalità che quella della tradizione. Egli viene in Italia, recando seco l'oggetto in cui ha ragione di vedere una garanzia efficace; ed ecco che in Italia c'è chi pretende spogliarlo del suo diritto di preferenza, che avrebbe tranquillamente conservato rimanendo dov'era, col pretesto che la legge italiana vuole la scrittura perchè il privilegio sia opponibile ai terzi. Anche non trattandosi di nave, non potrebbe farsi lo stesso giustissimo ragionamento che fa il Fiore intorno al pegno navale? A qual legge poteva uniformarsi un creditore straniero che acquistava fuori d'Italia un diritto di pegno sopra una cosa appartenente ad uno straniero, fuorchè alla legge straniera? In verità, come si può immaginare un diritto, validamente acquistato, il quale sia soggetto a vivere e a morire periodicamente, secondo il luogo in cui per caso viene a trovarsi l'oggetto di esso?

A mio giudizio, l'efficacia del pegno o dell'ipoteca sulla nave dev'essere determinata dalla legge della nazione a cui la nave appartiene; ma non in via d'eccezione, non perchè la nave sia un mobile *sui generis*, bensì perchè colui che, a sicurezza del proprio credito, conviene la garanzia del pegno navale, uniformandosi alla legge del paese di cui la nave porta la bandiera, fa un contratto come un altro, la cui validità vuol essere dovunque rispettata, quando esista secondo la legge del contratto.

## X.

Ma qui si presenta un'altra difficoltà. L'applicazione dello statuto personale al diritto di preferenza nascente dal contratto di pegno, importerebbe che l'efficacia di tale diritto fosse regolata dalla legge liberamente scelta dalla volontà dei contraenti, o, in mancanza di dichiarazione espressa, dalla legge a cui si presume che i contraenti abbiano voluto riferirsi. Si tratta di una legittima manifestazione di libertà, dell'esercizio cioè della facoltà che compete al proprietario di disporre, come meglio crede, della cosa propria, e quindi anche di assoggettarla a tutti quei vincoli che sono compatibili col diritto pubblico del luogo *rei sitae*; in altri termini, si tratta di diritto privato volontario.

Ma questa illimitata libertà subisce una limitazione necessaria quando si tratti di navi. Per esempio, egli è certo che un pegno costituito in Inghilterra sopra una nave italiana non potrebbe essere governato da altra legge fuor che dalla legge italiana, nè i contraenti avrebbero il potere di derogarvi. Il magistrato italiano dovrebbe riferirsi alle formalità necessarie secondo *il nostro Codice di Commercio*, quantunque le parti avessero convenuto diversamente. E benchè sia probabile che, col realismo dominante in Inghilterra, il magistrato inglese, dinanzi a cui pendesse la controversia, si ispirerebbe piuttosto alla legislazione del Regno Unito, è certo però che a termini dei principii generali di diritto, anche il magistrato inglese dovrebbe riferirsi alla legge italiana per valutare il diritto quesito dal creditore pignoratario sopra una nave italiana, tanto di fronte al debitore, quanto di fronte ai terzi — sempre, ben inteso, quando l'esercizio di tale diritto non tocchi direttamente il regime politico od economico dell'Inghilterra.

Bisogna dunque inferirne che l'acquisto e il trasferimento dei diritti sulla nave non sono interamente nel dominio del diritto privato volontario, ma, fino ad un certo punto, appartengono invece, come la capacità dei contraenti, al diritto privato necessario.

Ed è infatti così. Come ciascuno è libero di scegliere la nazionalità che più gli conviene, purchè si uniformi alle condizioni richieste dalla nazione di cui vuole far parte, ma, una volta fatta la scelta, non può rifiutarne le conseguenze — così il proprietario di una nave può dare a questa la nazionalità che vuole, sempre attenendosi alle prescrizioni delle leggi speciali, ma una volta scelta la bandiera, non può accettarne gli utili e respingerne i pesi. La proprietà di una nave interessa il patrimonio pubblico e il credito marittimo del paese a cui essa appartiene, come la proprietà di un immobile interessa la pubblica ricchezza e il credito fondiario ed agricolo del paese in cui esso è situato. Il rilascio dell'atto di nazionalità, mentre conferisce a colui al quale è rilasciato tutti i vantaggi derivanti dalle disposizioni locali e dai trattati, come la libertà di commercio coi belligeranti, la giurisdizione consolare, ecc., implica nel proprietario l'obbligo di osservare certe limitazioni nel diritto di godere e disporre della cosa sua. La cittadinanza conferisce al cittadino una capacità attiva, determinata dalla legge nazionale; del pari l'atto di nazionalità conferisce alla nave una capacità passiva, per cui può essere oggetto di diritti soltanto nei limiti stabiliti dalla legge della bandiera.

Tutto ciò non impedisce sicuramente che la legge della bandiera sia praticamente inefficace, se gli altri paesi non vogliono riconoscerla; ma c'è forse il mezzo di impedire che, anche in materia di capacità personale, si adotti il principio del domicilio, invece di quello più razionale della nazionalità? E che perciò? La verità di un principio non dipende dal fatto della sua osservanza in questo o quel luogo; la scienza deve sapersi mantenere al disopra di tutti i pregiudizi dell'ambiente e di tutti gli interessi particolari e variabili. Però l'Italia, che ha adottato e proclamato coraggiosamente il principio della nazionalità, deve, nei trattati e nelle decisioni de' suoi Tribunali, rimanere coerente a sè stessa; e quindi, come ha da provvedere affinchè la sua legge segua possibilmente le navi nazionali in qualunque posto, così ha da rispettare negli altri l'uguale diritto, riconoscendo, per tutto ciò che si riferisce alla capacità passiva delle navi straniere, l'autorità della legge a cui esse appartengono.

## XI.

In conclusione, il pegno o l'ipoteca sulla nave dovrebbero essere regolati:

1.° *a*) Dalla legge *rei sitae*, per quanto concerne il rispetto dovuto alla buona fede dei terzi; per cui, qualunque siano le disposizioni dello statuto nazionale della nave, la legge del luogo avrebbe sempre la precedenza nelle prescrizioni relative alla *pubblicità* della costituzione del pegno. Tuttavia, ad impedire la frode, basta che esista una pubblicità *sufficiente*, e quando questa esista, dovrebbe riconoscersi per valida la *forma* prescritta dalla legge nazionale; imperocchè la prevalenza dello statuto territoriale è giustificata dalle esigenze del sociale interesse, e ha da rimanere circoscritta dentro i limiti di tali esigenze;

*b*) Pure dalla legge *rei sitae*, in quanto si riferisce al *grado* del privilegio dipendente dal pegno o dall'ipoteca, di fronte agli altri privilegi dipendenti dalla natura dei crediti. I crediti privilegiati *per la loro natura* sono tali *ope legis*, e quindi sovrastano ai privilegi derivanti *dalla volontà dei contraenti*. La legge territoriale, quando riconosce che un credito merita un trattamento speciale, applica un generale principio di giustizia che interessa tutta quanta la società, e dinanzi ad esso devono cedere gli interessi privati (¹);

2.º Dalla legge della bandiera, in ciò che riguarda le condizioni necessarie per la validità, e gli effetti impliciti della costituzione di pegno o di ipoteca;

3.º Finalmente dalla legge del contratto, per ciò che si attiene alle relazioni fra creditore e debitore, ed alle relazioni fra i contraenti ed i terzi, in quanto non

---

(1) Parmi che gli scrittori non distinguano sufficientemente il privilegio nascente dalla natura del credito, dal privilegio semplicemente contrattuale (pegno, ipoteca volontaria). Perchè il legislatore stabilisce a favore di alcuni crediti una preferenza *ipso jure*? Perchè questi crediti meritano tale preferenza in quanto si riferiscono ad interessi più importanti per la società che non gli interessi dei singoli. Se così non fosse, i creditori semplicemente chirografarii avrebbero ragione di ritenere come ingiusta e contraria al loro diritto una preferenza, che sarebbe attribuita ad altri individui, creditori al pari di essi, senza che neppure abbiano manifestato l'intenzione di una garanzia reale. È dunque l'interesse sociale che forma la giustificazione e la ragion d'essere del privilegio derivante *dalla natura del credito*. Questo interesse sociale manca nel privilegio derivante dalla volontà delle parti; qui la legittimità del privilegio sta in ciò, che esso non è, propriamente parlando, un privilegio, ma piuttosto una manifestazione speciale della libertà che compete al proprietario di disporre della cosa sua, quando non vi si oppongano altri diritti quesiti, e, *a fortiori*, di vincolarla a garanzia delle sue obbligazioni. Laonde il pegno implica una preferenza, ma soltanto di fronte a quelli che non hanno convenuto questa garanzia, fidando nel credito personale del debitore; mentre il privilegio « per la natura del credito » implica una preferenza di fronte a tutti, compreso il creditore pignoratario. Il primo è di diritto privato; il secondo è d'ordine pubblico, e come tale appartiene allo statuto territoriale.

siavi opposizione con l'interesse generale del paese *rei sitae* e con le condizioni necessarie secondo la legge della bandiera.

## XII.

Illustrerò con qualche esempio le massime sopra stabilite.

*a*) Sopra una nave francese è costituita un'ipoteca marittima, nelle forme prescritte dalla legge 10 dicembre 1874. Il creditore ipotecario si trova, dinanzi ai tribunali italiani, in conflitto con altri creditori.

La legge succitata contiene, fra le altre, due disposizioni che non hanno riscontro nel nuovo Codice di commercio italiano. L'articolo 27 della legge francese ha abrogato il n. 9 dell'articolo 191 del Codice di commercio, il quale noverava fra i crediti privilegiati il prestito a cambio marittimo per vettovagliare, addobbare, armare ed equipaggiare la nave, fatto prima della partenza di essa; invece, pel Codice italiano, il cambio marittimo, qualunque sia lo scopo, dà sempre origine a un privilegio per la natura del credito (arg. art. 675 n. 13).

L'articolo 17 della legge francese dispone che, nel caso di perdita o di innavigabilità della nave, i diritti dei creditori si esercitano, nell'ordine delle iscrizioni, sul prodotto delle assicurazioni; per contro, il nostro Codice tace intorno a questo argomento.

Quale è la legge che dovrà applicare il magistrato italiano? Se la legge francese, il creditore ipotecario avrà sempre la preferenza su colui che ha prestato a cambio marittimo prima della partenza della nave, allo scopo sopra indicato; e inoltre, nel caso di perdita o di innavigabilità della nave, si pagherà con privilegio sul prodotto delle assicurazioni. Mentre, se è applicabile la legge italiana, il creditore ipotecario verrà in concorso col prestatore a cambio marittimo, anzi si troverà perdente se quest'ultimo abbia trascritto il suo credito prima di lui; e in caso di perdita o di innavigabilità della nave, il pegno dovrà considerarsi estinto, o resterà ristretto a ciò che della nave si è potuto conservare.

La ragione che mosse il legislatore francese a togliere ogni privilegio al prestito a cambio marittimo fatto, prima della partenza della nave, per fornirla di quanto occorre pel viaggio, è questa: che esso è un prestito anormale, che lungi dal favorire il credito degli armatori lo compromette, e quindi in pratica non si suole mai ricorrere a così fatto espediente. Per cui la garanzia del creditore ipotecario sarebbe illusoria se fosse lecito al debitore, per una causa di cui non si può ammettere l'importanza sociale, togliere il proprio grado all' ipoteca costituita contraendo un prestito in quelle condizioni (¹). Adunque, pel legislatore francese, il cambio marittimo, non necessario alla conservazione della nave, non merita alcuna preferenza.

Potrà il giudice italiano riconoscere questa valutazione, quando il legislatore italiano stabilisce che tutti i prestiti a cambio marittimo costituiscono, a favore di chi presta, un credito privilegiato, ora più ed ora meno, secondo lo scopo, ma sempre meritevole almeno di quella preferenza che compete al creditore pignoratario? Evidentemente no. Allorchè il legislatore dice:

(1) V. Relazione all' Assemblea nazionale francese *(Journal du Palais, Lois et décrets*, 1875, p. 1082).

questa cosa è un mobile, il giudice modificherebbe la legge se la considerasse come immobile. Del pari, se il legislatore stabilisce che il tale credito ha la tale natura, il giudice non può attribuirgli una natura diversa. Si tratta qui di una massima generale di diritto, che vale di fronte a tutti, senza distinzione; lo straniero non può dunque pretendere che si dia a lui una preferenza che ai cittadini non sarebbe concessa.

Bisognerebbe, al contrario, applicare la legge nazionale per determinare il diritto del creditore ipotecario di esercitare la sua preferenza sul prodotto delle assicurazioni. Anche sotto l'impero della legge italiana nulla vieta che il possessore di un pegno navale acquisti per convenzione quella facoltà, che la legge francese accorda senza bisogno di speciale contratto. Il creditore che ha ipoteca sulla nave francese si presume che abbia voluto acquistare anche tutti i diritti che ne sono una conseguenza naturale, secondo la legge a cui egli si è riferito; nè i Tribunali italiani potrebbero giudicare diversamente, senza violare la legge del contratto, in una materia che è riservata interamente alla volontà delle parti.

Siccome però la facoltà di esercitare il privilegio ipotecario sulle somme assicurate rappresenta un vantaggio, a cui il creditore può sempre rinunciare, egli è chiaro che il magistrato italiano non dovrebbe senz'altro e in ogni caso applicare la legge nazionale della nave. Il suo ufficio sarebbe quello soltanto di indagare quale fosse la volontà, presunta o manifesta, dei contraenti, e di rispettare e far rispettare tale volontà.

*b*) Supponiamo ora il caso inverso, che cioè il pegno sia stato costituito sopra una nave italiana, e la controversia si agiti dinanzi ai Tribunali francesi.

Il magistrato francese non potrebbe riconoscere il privilegio del prestatore a cambio marittimo pel credito suaccennato, giacchè lo statuto reale è quello che solo è competente per valutare la natura giuridica del credito. Ma non potrebbe invece applicare la legge territoriale per attribuire al creditore pignoratario il diritto di pagarsi sul valore delle assicurazioni, salvo che questo diritto fosse stato espressamente convenuto, perchè esso, per la legge italiana sotto cui il pegno fu contratto, non è una conseguenza naturale del pegno stesso.

*c)* Con la scorta di codesti principii bisognerebbe anche ammettere la validità, di fronte alla legge italiana, di un *mort-gage* stipulato sopra una nave inglese, sebbene il *mort-gage* non sia annotato sull'atto di nazionalità della nave. Se la legge inglese (dirò col prof. Fiore) non avesse sufficientemente provveduto ad eliminare la frode con la pubblicità, se avesse facilitato le sorprese a pregiudizio dei terzi, si potrebbe a ragione sconoscerne l'applicazione; ma nel fatto secondo la legge inglese è provveduto alla pubblicità, e nell'atto di nazionalità che il capitano è obbligato di tenere a bordo, evvi l'annotazione che tale atto non forma titolo per i cambiamenti di proprietà e pel pignoramento *(mort-gage);* annotazione sufficiente a prevenire i terzi di rivolgersi, per conoscere siffatte cose, all'ufficio di Dogana del porto in cui fu iscritta la nave [1].

---

[1] Fiore, *op. cit.*, Appendice sul § 220.

## XIII.

Non credo necessario moltiplicare gli esempii; quelli che ho allegato possono bastare a dimostrare come dovrebbe applicarsi, nei varii casi pratici, il generale principio che l'efficacia del pegno o dell'ipoteca sulla nave dipendono dallo statuto personale, con questa doppia riserva: 1.° che la nazionalità della nave conferisce a questa una capacità passiva, la quale appartiene al diritto privato necessario, e non può essere alterata o modificata dalla volontà della parti; 2.° che lo statuto personale, anche in tema di privilegio o di ipoteca sulla nave, cede di fronte a quelle prescrizioni della legge *rei sitae*, le quali si siferiscono all'interesse sociale o al diritto pubblico *lato sensu*.

Questo principio, che esprime il più largo rispetto a quella libertà individuale che forma la base del diritto moderno, favorisce pure energicamente la stabilità e lo sviluppo del credito marittimo, poichè, crescendo efficacia ad un contratto importantissimo, aumenta la possibilità di profittarne pei bisogni del commercio sul mare. Le esigenze giuridiche si trovano così in perfetta armonia con le esigenze economiche; il che è senza dubbio una solenne riprova della verità della dottrina da me sostenuta.

Genova, dicembre 1882.

Wautrain Cavagnari.

Printed by Libri Plureos GmbH in Hamburg, Germany